AF358867

BIBLIOTHÈQUE PUBLIQUE

DE CIRCULATION

FONDÉE PAR

LES LOGES MAÇONNIQUES DE ROUEN

AVEC LE CONCOURS DES

PROPAGATEURS DE L'INSTRUCTION POPULAIRE

PRIX : 50 CENTIMES

ROUEN

J. LECERF, IMPRIMEUR, RUE DES BONS-ENFANTS, 16-18.

1883

BIBLIOTHÈQUE PUBLIQUE

DE CIRCULATION

FONDÉE PAR LES

LOGES MAÇONNIQUES DE ROUEN

AVEC LE CONCOURS

DES PROPAGATEURS DE L'INSTRUCTION POPULAIRE

Ouverture de la Bibliothèque :

16 NOVEMBRE 1865

Local de la Bibliothèque : Rue d'Elbeuf, 12 (faubourg Saint-Sever)

COMITÉ D'ADMINISTRATION

Membres du Bureau :

Président	M. E. LUCAS.
Vice-Président	M. MILSAN.
Secrétaire-Trésorier	M. Jules GODEFROY.
Bibliothécaire honoraire. . . .	M. Théodore LEBRETON.
Bibliothécaire	M. LANCESTRE.
Sous-Bibliothécaire au local. . .	Mlle PILLON.

Membres du Comité.

<table>
<tr><td>MM.</td><td>MM.</td></tr>
<tr><td>J. Bérenger ;</td><td>Dumarché ;</td></tr>
<tr><td>Bernard ;</td><td>Guizy (Léon) ;</td></tr>
<tr><td>Bourdin ;</td><td>Humbert ;</td></tr>
<tr><td>Carpentier jeune ;</td><td>Lemol ;</td></tr>
<tr><td>Dieutre, ancien Maire de Rouen ;</td><td>J. Lesueur ;</td></tr>
<tr><td>Dubreuil (docteur G.) ;</td><td>Sannier.</td></tr>
</table>

Fondateurs et Donateurs.

M. le Ministre de l'Instruction publique ;

M. le Maire de Rouen (au nom de la Ville) ;

MM. Alexandre (Albert), commerçant ;

Aubé (E.), ancien manufacturier ;

Auvard (Ed.) fils, propriétaire ;

Baron (E.), conseiller municipal ;

Barré, docteur en médecine ;

Baudry (Alfred), propriétaire ;

Benner, conseiller d'arrondissement ;

Bérenger (J.), employé à la Préfecture ;

Besselièvre (Charles) ✳, conseiller général ;

Besson (Édouard) ✳, propriétaire ;

Besson fils (Charles) ✳, armateur ;

Beuzeville (Charles), ex-rédacteur en chef du *Journal de Rouen* ;

Bibliothèque nationale (la) ;

Bibliothèque Franklin (la) ;

Bony, de Dieppe ;

Bonnière (A.), rentier ;

MM. Bouinais, de Paris;

Boulouse, fabricant de rouenneries;

Capelle (Jules), adjoint au Maire;

Carpentier jeune, propriétaire;

Caudron, fabricant de cordes;

Chavée, professeur au Collége de France;

Chapitre des Arts-Réunis de Rouen (le);

Chevalier (Évode), conseiller d'arrondissement;

Chouillou, conseiller général;

Coillard, économe du Lycée de Chambéry;

Collineau, de Rouen;

Conseil philosophique de la vallée de Rouen (le);

Cuvelier, fabricant de produits chimiques;

Daniel (E.), courtier de commerce;

Daliphard (E.), manufacturier;

Delafond (G.), négociant en vins;

Delaunay, professeur de dessin;

Denizet (G.), négociant en vins;

Denonne, commerçant;

Depeaux (Félix), conseiller général;

Deschamps (Arnold), juge suppléant;

Desseaux fils, directeur d'assurances;

Dieutre, ancien Maire de Rouen;

Dieuzy, entrepreneur de carrosserie;

Dubuc, propriétaire;

Duménil (docteur L.) ✳, conseiller d'arrondissement;

Duperrey, ancien conseiller général;

Dupont de l'Eure (Mlle);

Dupuis, entrepreneur de peinture;

Duval (Raoul), ancien député;

Duvivier (E.), député;

MM. Doucet, rentier ;

Edeline (G.), propriétaire ;

Elliott, de Londres ;

Esprit, pharmacien ;

Erckmann-Chatrian, homme de lettres ;

Fauquet (Ernest), conseiller municipal ;

Fauquet-Lemaitre ✳, ancien conseiller général ;

Favre (François), de Paris ;

Favey, comptable ;

Ferry (Émile), conseiller général ;

Fortier, fabricant de chaussures ;

Fouray (Jacques), conseiller municipal ;

Fréret (Octave), architecte ;

Girardin O ✳, de l'Institut, recteur honoraire, directeur de l'Ecole supérieure des Sciences et
des Lettres ;

Gaubert, employé de commerce :

Godefroy (Jules), propriétaire ;

Grenier, de Rouen ;

Grout, docteur en médecine ;

Guizy (Léon), propriétaire ;

Hamel (J.), représentant de commerce ;

Hardy, ancien conseiller général ;

Hébert (Charles), commerçant ;

Hébert (Félix), de Sotteville ;

Hénault (Frédéric), représentant de commerce ;

Héron (Jules), courtier de commerce ;

Houdard (Émile), ancien apprêteur ;

Humbert, chef de section aux Ponts-et-Chaussées ;

Julien, conducteur de machines à vapeur ;

Justin (Mlle), rentière ;

Labisse, ancien négociant ;

MM. Lainé (Achille), courtier de commerce ;
Lancestre, propriétaire ;
Lebarbier (Ed.), professeur libre ;
Lebreton (Théodore), ancien député ;
Lebrument (A.), ancien juge au Tribunal de commerce ;
Lecoq fils, entrepreneur de peinture ;
Lemire (Eugène), propriétaire ;
Lemarchand, ancien libraire ;
Lemoine, représentant de commerce ;
Le Plé, docteur-médecin ;
Lesage, avocat ;
Lesens, fondé de pouvoir ;
Lesouef ✳, conseiller général ;
Letellier (Georges), conseiller général ;
L'Hermite, négociant ;
Lieury, avocat ;
Lorond, négociant associé ;
Lucas (E.), propriétaire ;
Lucas (Maurice), peintre ;
Luzurier, commerçant ;
Lecomte (Sébastien), de Beaumont-le-Roger ;
Macé (Jean), fondateur de la Ligue de l'enseignement en France ;
Maille (Parfait), d'Elbeuf ;
Manchon (Albert) ✳, ancien président du Tribunal de commerce ;
Martin (Henri), sénateur ;
Mauduit, pépiniériste ;
Mulot, propriétaire ;
Nétien ✳, ancien Maire de Rouen ;
Nicolet, propriétaire ;

MM. Noel (Eugène), conservateur de la Bibliothèque
municipale;

Oriol (Léon), clerc de notaire;

Pancher, rentier;

Paul, de Paris;

Pennetier (le docteur G.), directeur du Muséum;

Périaux (Nicétas), ancien imprimeur;

Pommier (la Rédaction de l'*Almanach du*);

Pouchet (le docteur G.) ✽, de Paris;

Quesnot, employé de commerce;

Renault (Mme), de Rouen;

Renier père, propriétaire;

Rondeaux (Émile), propriétaire;

Sabatier (Mme), née Grout;

Salva, propriétaire;

Sambat, négociant;

Scott fils, de Rouen;

Sorel, marchand tailleur;

Soudan, docteur-médecin;

Triboult (Édouard), quincaillier;

Trouard-Riolle, député;

Truffier, employé de commerce;

Valogne, de Paris;

Verne (Jules) ✽, homme de lettres;

Viénot, (Eugène), avocat-agréé;

Villaret, de Cherbourg;

Waddington (Richard) ✽, député;

Wanckel, professeur;

Welling (de), docteur-médecin;

Welling (Mme de);

Wertheimer, commissionnaire en rouenneries;

Wolf, imprimeur.

Fondateurs et Donateurs décédés.

MM. Alexandre, propriétaire ;
Argis (J. d'), propriétaire ;
Auzou (H.), marchand de déchets ;
Azam, homme de lettres ;
Aze, négociant ;
Bachelet ✽, conservateur de la Bibliothèque municipale ;
Baron père, propriétaire ;
Bazille (Marcel) O ✽, ancien président du Tribunal de commerce ;
Besson (Séraphin), propriétaire ;
Boivin-Genty (A.), vice-consul du Mexique ;
Bosc, rentier ;
Bosquier, rentier ;
Bouilhet (Louis) ✽, homme de lettres ;
Brevière (Henry), ancien graveur de l'Imprimerie nationale ;
Briffaut, rentier ;
Canel (A.), ancien député ;
Chaboux aîné, propriétaire ;
Clogenson ✽, conseiller honoraire à la Cour d'appel ;
Coudy, propriétaire ;
Crémieux, sénateur, ancien ministre ;
Dehors, directeur d'assurances ;
Delacour-Mongobert, propriétaire ;
Delamare (Adolphe), ancien courtier ;
Deschamps (Frédéric) ✽, vice-président du Conseil général ;
Desseaux, député ;

MM. Dumas (Ch.), propriétaire ;

Durand (Michel) ✻, ancien adjoint au Maire ;

Gaignœux père, ancien directeur d'assurances ;

Gaillard-Lemaitre, propriétaire ;

Gasparin (le comte Agénor de), de Genève ;

Gully père, officier d'Académie ;

Hédiard père, propriétaire ;

Hartz, propriétaire ;

Houdard jeune, apprêteur ;

Lacassaigne, architecte ;

Lecointe (Mme), des Chartreux ;

Legrain, employé aux contributions ;

Lefebvre aîné, fabricant de cordes ;

Littré ✻, sénateur ;

Masson (Noël), ancien fondeur ;

Montgobert, propriétaire ;

Perré, employé de commerce ;

Pouchet (docteur F.-A.) O ✻, de l'Institut, directeur
   du Muséum, professeur à l'Ecole de Médecine
   et à l'Ecole des Sciences ;

Quinet (Eugène), propriétaire ;

Richard, comptable ;

Risler, ancien juge au Tribunal de commerce ;

Rossignol, commerçant ;

Seibel (Georges), commissionnaire en rouenneries ;

Truplin aîné, ancien juge du Tribunal de commerce ;

Valazé (le général Letellier), G O ✻, sénateur ;

Vivefoy, docteur-médecin.

RÈGLEMENT DE LA BIBLIOTHÈQUE

ARTICLE PREMIER.

Les livres de la Bibliothèque sont affectés à la lecture au dehors ; ils sont confiés à tout adhérent qui a le droit de les garder chez lui pendant un délai qui ne doit pas dépasser quinze jours.

ARTICLE 2.

La Bibliothèque se compose d'ouvrages scientifiques, philosophiques et moraux, de relations de voyages et de publications d'un intérêt général.

ARTICLE 3.

Pour avoir droit à l'usage des livres, il faut acquitter un droit d'admission de 2 francs par an pour les lecteurs civils et de 1 franc pour les militaires.

ARTICLE 4.

Chaque Sociétaire ne peut avoir entre les mains plus d'un volume à la fois.

ARTICLE 5.

Chaque Sociétaire est responsable des dégâts survenus aux livres par sa faute. L'indemnité à acquitter est fixée par le Bureau du Comité, qui peut exiger le prix du livre en cas de graves avaries.

Article 6.

Le prêt des livres est personnel et ne peut être transmis par le Sociétaire à une autre personne. Chaque Sociétaire s'engage d'honneur à respecter cette condition. En cas d'infraction à cette clause, le Comité peut décider que le Sociétaire perdra le bénéfice de son droit d'admission, qui reste acquis à la Bibliothèque.

Article 7.

Le dépôt préalable du prix des volumes peut être exigé par le Comité.

Article 8.

Chaque lecteur ne peut, sans autorisation spéciale, garder le livre plus de deux semaines. En cas d'infraction, le prix du volume pourra être exigé de plein droit.

Article 9.

Le Comité peut dispenser du droit d'admission les personnes auxquelles leur situation ne permettrait pas de l'acquitter.

Article 10.

Le droit d'admission ne donne ouverture à aucune réclamation en faveur des Sociétaires inexacts ou exclus.

Article 11.

Il est tenu note, sur le registre de la Bibliothèque, de la sortie et de la rentrée des livres prêtés ; ce registre fait foi vis-à-vis des Sociétaires.

Article 12.

La Bibliothèque est ouverte tous les jours, de neuf heures du matin à quatre heures du soir. Les dimanches et fêtes, les livres ne pourront être demandés que jusqu'à dix heures du matin.

Une succursale est établie rue des Carmes, 20, chez le Concierge.

CATALOGUE

DE LA

BIBLIOTHÈQUE PUBLIQUE DE CIRCULATION

FONDÉE PAR

LES LOGES MAÇONNIQUES DE ROUEN

A

ABEILLES (le Gouvernement admirable ou la République des).

ABOUT (Ed.). — L'A B C du Travailleur. — Alsace, 1871-1872. — L'Assurance. — Trente et Quarante. — Le Fellah. — Maître Pierre. — Les Mariages en Province. — Les parents de Bernard. — Le Progrès. — Roman d'un brave Homme. — Rome contemporaine. — Sans Dot.

ACHARD (Am.). — Belle-Rose. — Les campagnes d'un Roué. — Les misères d'un Millionnaire. — Montebello, Magenta, Marignan. — Les récits d'un Soldat. — La robe de Nessus.

ADAM (Ch.). — Evènements des 27, 28, 29 Juillet 1830. — La guerre d'Italie (1859)

ADAM (Mme Ed.). — Récits d'une Paysanne.

AGRICULTURE (Eléments d').

Aimard (G.). — Le chef des Aucas. — Le Chercheur de
pistes. — L'Eclaireur. — Le Cœur loyal. — Caru-
milla. — La Fièvre d'or. — La grande Flibuste. —
Les Guaranis. — La loi du Lynch. — Montonero. —
Les Pirates des prairies. — Les rois de l'Océan. —
Valentin Guillois. — Vent-en-Panne. — Zéno Galral.

Ainsworth (W.-H.). — Jack Scheppard ou les Chevaliers
du Brouillard, 2 vol.

Alby (Ernest). — L'Olympe à Paris.

Alfieri. — De la Tyrannie.

Amigues (J.). — Jean de l'Aiguille.

Andrieux. — Théâtre.

Animaux nuisibles, méthode de les détruire, par B...

Angeliny (A.-R.). — Vers à soie.

Angleterre (Beautés de l'Histoire d').

Anquetil. — Histoire de France depuis les Gaulois.

Anthologie des Poètes français, des Prosateurs.

Argis (Jules d'). — Etudes sur la guerre de succession d'Espagne. — Marguerite de Provence, reine de France.
— Le Roman de l'Histoire. — Sainte Marguerite,
reine d'Ecosse. — Les six Mariages de Henry VIII.

Arithmétique élémentaire.

Armagnac. — Histoire de Turenne.

Armée (l') française en 1867, au maréchal Bugeaud.

Armengaud. — Génie industriel, Inventions françaises
et étrangères, 12 vol.

Arnauld (Achille). — Abraham Lincoln, sa naissance,
sa vie, sa mort.

Assolant (Alfred). — Les aventures de Karl Brunner.
— Brancas ou les amours de Quaterquem. — Cam-
pagne de Russie, 1812. — Deux Amis en 1792. —
Histoire fantastique de Pierrot.

Astrée (la nouvelle) ou Aventures dramatiques.

Atlas géographique à l'usage des colléges.

Aubenas. — Histoire de Mme de Sévigné, sa famille, ses amis.

Audiat. — Bernard Palissy, 1864. — Les Oubliés.

Audiganne (A.). — Ouvrier en famille.

Augier (Emile). — Gabrielle, le Gendre de M. Poirier, la Jeunesse, comédies.

Augu (H.). — Une grande Pécheresse.

Aunet (Mme d'). — Voyages d'une femme au Spitzberg.

Avent (l') ou l'Héritier breton, par l'ermite de Suresnes.

Azaïs. — Jugement impartial sur Napoléon Ier.

B

Baccalauréat ès-lettres (manuel du).

Badin. — Jean-Bart.

Baille (J.). — L'Electricité, *fig.*

Balzac (H. de). — L'Absolu. — Les Chouans. — César Birotteau.—Le député d'Argis.—Eugénie Grandet. — La Femme de trente ans. — La Femme supérieure.—Le Lys dans la vallée.—Modeste Mignon. — La Peau de Chagrin. — Les Scènes de la vie parisienne. — Ursule Mirouet.

Bantzan. — Récits de tous les pays.

Barante (de). — Histoire de Jeanne d'Arc.

Barbou (A.).—Gambetta, histoire de sa vie.—J. Grévy, histoire de sa vie.

Bard (J.). — Paysages et Impressions pour la jeunesse.

BARNI (Jules). — La Morale dans la démocratie. — Les Martyrs de la Libre pensée.

BARRACE (Th.). — Conseils aux ouvriers sur les moyens d'améliorer leur condition. — La Révolution française.

BARRÉ. — Cours de la tenue de livres.

BARRIÈRE et CAPENDU. — Les Faux Bonshommes, comédie.

BARROW (G.). — La Bible (texte anglais).

BARTHÉLEMY (l'abbé). — Voyages du jeune Anacharsis.

BARTHÉLEMY SAINT-HILAIRE. — Lettres sur l'Egypte.

BASTIDE. — Les Guerres de religion en France.

BATBIE. — Le Crédit populaire.

BAUDELOCQUE (J.-L.). — L'Art des Accouchements, 2 vol., *fig.*

BAUDOUIN. — Travaux maçonniques et Conférences.

BAUDRILLART. — Economie politique et populaire.

BEAULIEU. — Le Travail des Femmes du xixᵉ siècle.

BEAUMARCHAIS. — Le Barbier de Séville. — Le Mariage de Figaro. — (Mémoires de).

BEAUMONT. — L'Irlande sociale, politique et religieuse.

BEAUVALLET. — Le Monde fantastique.

BEAUVOIR (E. de). — L'Australie, Canton, Java, San-Francisco, Siam, Pékin, 3 vol., *fig.*

BEAUVOIR (Roger de). — Le pauvre Diable.

BEAUX EXEMPLES de la Piété filiale.

BÉCHARD (F.). — Les Existences déclassées. — L'Echappé de Paris.

BÈDE (E.). — L'Algèbre, Arpentage, Chimie, etc. — Dessin linéaire. — Eléments de Géométrie. — Principes de Physique.

BÉDOLLIÈRE (de la). — Londres et les Anglais (illustrés par Gavarni).

Béecher-Stow (Mme). — La Case de l'oncle Tom.

Bellencontre (le docteur). — Deux Ennemis de la santé.

Bérenger (le) des Familles.

Berchoux. — Gastronomie (poème).

Bernard. — Les Evasions célèbres.

Bernardin de Saint-Pierre. — Paul et Virginie.

Bernier. — Journal d'un Inconnu.

Bersezia. — Les Nouvelles piémontaises.

Berthet (E.). — L'Etang de Présigny. — La Maison des deux Sœurs. — Le Spectre de Chàtillon.

Bertrand. — Expédition de Saint-Hélène. — Les Fondateurs de l'Astronomie moderne.

Bésancenet. — Un Amour de grande Dame.

Beugnot (Mémoires de), 1783 à 1815.

Bézout. — Cours de Mathémathiques.

Bichat. — Anatomie descriptive, 4 vol.

Bignan (A.). — Romances et Nouvelles.

Billaudel (E.). — Clémentine Jerambert. — Le Reliquaire des Hautes-Cloches.

Binos. — Voyage en Italie, en Egypte, etc., 2 vol.

Bisset (A.). — Histoire de la décadence dans les mœurs chez les Romains.

Blanc (L.). — Les Organisateurs du Travail.

Blanchard. — L'Ecole des Mœurs, 3 vol.

Blanchère. — Les Oiseaux utiles et nuisibles.

Block. — Manuel d'économie pratique.

Blosseville (J. de). — Navigation.

Bobière (A.). — Engrais commerciaux.

Boetie (de la). — Servitude volontaire (Discours sur la).

Boileau (Œuvres de).

Bois (V.). — Télégraphe électrique.

Boisgobey (F.). — La Peau d'un Autre.

Bonbonnel. — Les Chasses. — Le Tueur de Panthères.

Bonnaire. — Système métrique.

Bonne (L.-C.). — Législation française.

Bonnechose (E.). — Histoire de France, 2 vol.

Bonnechose (H. de). — Lazare Hoche.

Bordier et Charton. — Histoire populaire de France, 2 vol., *fig*.

Borel. — Le comte Agénor de Gasparin.

Bossuet. — Discours sur l'Histoire universelle.

Botta. — Histoire des Peuples d'Italie, 2 vol., *fig*.

Bottentuit. — L'Hydrothérapie, etc. — Le Mariage du docteur Ferrand, sa famille, etc.

Bouant (E.). — Les grands Froids, *grav*.

Boubée (S.). — Le Violon fantôme.

Boucher (A.). — Histoire des Jésuites, 2 vol. avec *grav*.

Boucher de Perthes. — Voyage à Constantinople.

Bouilhet (L.). — La Conjuration d'Amboise. — Dolorès et Faustine. — Festons et Astragales. — Hélène Peyron. — Mme de Montarcy. — Melœnis. — L'oncle Million.

Bouillé. — Mémoires du marquis de Bouillé.

Bouilly (J.-N.). — Causeries nouvelles, Encouragements de la Jeunesse.

Boulenot de Bligny. — Mme Levert.

Bouquet (M.). — Le sire de Chantegrillet.

Bourbon (E.). — Le Voyageur.

Bourdon (J.). — Notions d'Hygiène pratique.

Bourguignon. — Eléments de Législation.

Bouteiller. — Les Théâtres de Rouen, 4 vol.

Bouvier. — M. Trumeau.

Braddon.—La Chanteuse des rues, 2 vol.—Le capitaine Vautour.—L'Héritage de Charlotte, 2 vol.—L'Intendant de Ralph. — Les Oiseaux de proie, 2 vol.

Brainne (C.).—Baigneuses et Buveurs d'eau.—Monaco.

Brard (P.). — Entretiens sur la Physique.

Bréhat. — L'Héritage de l'Indoue.

Brewer (E.-C.).—Clef de la Science ou les Phénomènes de tous les jours expliqués.

Brice (C.). — Nouvelle description de Paris.

Brillat-Savarin. — Physiologie du Goût, 2 vol.

Brisson. — Balthasar ou le Philosophe millionnaire.

Broc (P.). — Organisation du Corps humain.

Brothier (L.).—Histoire de la Terre.—Histoire de la Philosophie.

Bruker. — Les Docteurs du jour devant la Famille.

Bruno (J.). — Les Misères de Grieux, *grav.*

Brunoy (Folies du marquis de).

Buffon. — Histoire naturelle.—Morceaux choisis.

Bulletin de la Bibliothèque Franklin (Journal).

Bulwer (E.-L.).—Aventures de Pisistrate Caxton.

Burlamaqui. — Principes du droit de la Nature et des Gens, etc.

C

Cadet (E.). — Dictionnaire de Législation usuelle.

Cahour. — Baudoin de Constantinople.

Caillé (René). — Voyage à Tombouctou, à Jenné, 3 vol.

Calemard de la Fayette. — Le bon Cultivateur.

Cammarand. — Salvator, le troubadour, drame.

Campadelli (F.). — Les Fiancés dauphinois. — Souvenirs de Grenoble.

Canel (A.). — Essai, canton de Montfort. — Essai, canton de Routot. — Essai sur Pont-Audemer. — Histoire de la Barbe et des Cheveux en Normandie. — Notice sur la vie et les écrits de l'abbé Baston. — Poésies complètes.

Capefigue. — La belle Corisande. — La comtesse Du Barry. — Les Cours d'amour et la comtesse de Provence.

Capendu. — L'Etudiant de Salamanque. — La Tour aux Rats.

Capmal (P.). — Les Amours de Médicis.

Caraman (duc). — Philosophie en France. — Histoire des Révolutions.

Caron. — Choix de lectures.

Carraud (Mme). — Maurice ou le Travail. — La petite Jeanne ou le Devoir.

Carré (M.). — Mireille, opéra.

Casin (A.). — La Chaleur.

Castel. — Les Tapisseries, *fig.*

Castellane (Vic.). — Souvenirs de la Vie militaire en Afrique.

Casti (J.-C.). — Les Animaux parlants, 2 vol.

Caston (A. de). — Les Vendours de bonnes aventures.

Catalan (E.). — Notions d'Astronomie.

Catherine ou la forêt de Lowelin.

Catlin. — La vie des Indiens.

Cazotte (J.). — Le Diable amoureux.

Cervantes (Michel). — Don Quichotte, 1 vol.

Chabrillon (comtesse). — Est-il Fou ?

Cherbuliez (V.). — La Revanche de Joseph Noirel.

CHALLAMEL (A.). — Colbert.

CHAMBEYRON. — Entretiens sur l'Hygiène.

CHAMFORT. — Œuvres, 3 vol.

CHAMISSO (A.). — L'Homme a perdu son ombre.

CHAMPFLEURY. — La Tante Péronne. — La succession Lecamus.

CHANTREL (L.). — Les Papes, Princes italiens.

CHANVALON. — Manuel des Champs.

CHANZY (général). — La deuxième armée de la Loire.

CHAPELLE (A. de la). — Comte de Raousset-Boulbon ou Expédition de Sénora.

CHARNACÉ (comte). — Etudes sur les animaux domestiques.

CHARTON (E.). — Histoire de trois Enfants devenus riches. — Voyages autour du Monde, 1860 à 1877, *grav.*

CHASLES (Ph.). — Etudes contemporaines, Théâtre, Musique, Voyages.

CHASSIN. — Le Parlement républicain, l'Eglise.

CHATEAUBRIAND. — Atala. — Le dernier des Abencérages. — Le Génie du Christianisme. — Les Martyrs. — Les Natchez. — René. — Les quatre Stuarts. — Voyage en Amérique.

CHATEAU NOIR (le).

CHATILLON (de) et ENAULT. — Frantz Muller ou le Rouet d'or.

CHAVÉE. — Enseignement scientifique sur la lecture.

CHEVALIER. — Hygiène de la vue.

CHEVALIER (H.-E.). — Les derniers Iroquois. — La Huronne. — Les Nez-Percés. — Les Pieds-Noirs.— Poignet d'acier ou les Chippionnais. — La Tête-Plate. — Trente-neuf Hommes pour une Femme.

Chevalier (M.). — Etude sur sa vie et ses travaux.

Chevigrand. — Grammaire française.

Chimistes et Manufacturiers (Mémorial pratique des).

Clairville. — La Fille de Mme Angot, comédie.

Clamageran. — La France républicaine.

Claretie (J.).—Les derniers Montagnards.—Documents nouveaux sur le premier et le second Empire.— La France envahie. — Peintres et Sculpteurs. — Les Ornières de la vie.

Clémentine de Lindau.

Cocatrix. — Recueil de poésies.

Cocheris (H.). — Origine et formation de la Langue française.

Code de commerce (1807).

Code de la politesse ou Guide des jeunes gens dans le monde.

Cœur (P.). — Contes algériens.

Colet (Mme L.). — Les derniers Marquis.

Collas (L.). — Histoire de l'Empire ottoman.

Collet. — Œuvres de Campanella. — Morale.

Collin d'Harleville. — Œuvres.

Collins Wilkie. — La Mer glaciale. — Le Secret.

Colomb. — La Musique.

Combes. — Grèce ancienne.

Commettant (Oscar). — Trois ans aux Etats-Unis. — Un petit Rien tout neuf.

Compagnon. — Les Classes laborieuses.

Concile de Constance (Histoire du), *fig*.

Condillac (Abbé). — Traité des animaux.

Condorcet. — Moyen d'apprendre à compter avec facilité. — Progrès de l'esprit humain, 2 vol.

Conscience (H.). — Batavia. — Le Démon de l'argent. — Le Gentilhomme pauvre. — M° Valentin. — La Vie flamande.

Considérant (V.). — Le Socialisme devant le vieux monde.

Constant (A.). — La dernière incarnation.

Contes merveilleux tirés d'Appulée, etc.

Cooper (J.-F.). — A bord et à terre. — Le Bourreau de Berne. — Le Bravo. — Le Corsaire rouge. — Le dernier des Mohicans. — L'Espion. — Le Lac Ontario. — Lionnel de Lincoln. — Le Pilote. — Les Pionniers. — La Prairie. — Précaution. — Les Puritains d'Amérique. — Stanstoe. — Le Tueur de daims.

Cordier. (A.). — Industries du lin, du coton, etc.

Corne. — Le cardinal Richelieu, Mazarin.

Corneille (P.). — Théâtre.

Correspondance de lord Byron avec un de ses Amis, traduction Dallas.

Cortie (J.). — Précis de morale.

Courcelle Seneuil. — Liberté et Socialisme. — Précis de la morale rationnelle. — Traité élémentaire de comptabilité.

Courrier (P.-L.). — Lettres sur la France et l'Italie.

Cousin (V.). — Du vrai, du beau et du bien.

Crébillon (père). — Théâtre.

Crétineau (J.). — Clément XIV, les Jésuites.

Cristal. — Délassement du travail.

Cruveilhier (L.). — Eléments d'hygiène générale.

Cummens. — L'Allumeur de réverbères. — La Rose du Liban.

Curiosités littéraires.

Currer (Bell). — Le Professeur, roman anglais.
Cuvier (G.). — Eloges historiques.

D

Daghonne. — Jeanne de Flers.
Dalembert. — Discours préliminaire de l'Encyclopédie.
Damiron (P.-H.).— Conseils et allocutions à des enfants
d'ouvriers et à leurs familles.
Dante (le). — L'Enfer, 1 vol.
D'Arlincourt. — Les trois Royaumes, 2 vol.
Daudet (A.). — Les Rois en exil. — Fromont jeune et
Risler aîné.
Daudet (E.). — Aventures de trois jeunes Parisiennes.
— Une Femme du monde. — Les douze Danseuses
du château Lamôle.
Daumas. — Le grand Désert.
David (E.). — Vie des Artistes anciens et modernes
(Sculpture française).
Decorde. — Histoire sur le despotisme, soit ecclésias-
tique, politique, etc.
Deguin (L.). — Leçons de physique, 2 vol.
Delacourtie. — Eléments de législation commerciale et
industrielle.
Delalandine. — Histoire de la Révolution (1814-1830).
Delanoye (F.). — Voyage à la recherche de John
Franklin, cartes et vig.
Delamare (J.-E.). — Documents sur Saint-Martin-la-
Bienfaite.
Delapalme. — Le premier livre du Citoyen.

Delavergne (A.). — La Duchesse de Mazarin.

Delavigne (C.). — Les Poésies, le Théâtre.

Delbruck. — Récréations, instructions sur les animaux, les Arts, etc.

Delessert (B.). — Guide du bonheur ou Recueil de pensées, etc.

Delille (J.). — Poésies fugitives, OEuvres postumes.

Delin (J.). — Histoire de la Belgique.

Deltu. — Les Pigeons de la Bourse.

Delvau (A.) et Bry. — Mémoires d'un vieux sou.

Demoustier. — Lettres à Emilie, 3 vol.

Denéchaud (Ch.). — La Science de la Bourse.

Depasse. — Carnot.

Depeaux (F.). — Démocratie et protection. — Nouveau système de banque.

Depping (G.-B.). — Merveilles des beautés de la nature en France. — Voyageur de Paris à Neuf-châtel.

Depret (L.). — Mlle Delyvoix.

Derosne (C.). — Mari et Femme, 2 vol.

Deroulède. — Chants du Soldat. — Nouveaux chants du Soldat.

Desbarolles. — Deux Artistes en Espagne. — Voyage en Suisse.

Desbordes-Valmore. — Poésies de l'enfance.

Descartes. — OEuvres choisies.

Deschamps (F.). — Bohême et Normandie. — Les deux Millionnaires. — M. Lambart. — Poésies diverses. — Sœur Isabelle. — Le Testament du mari.

Deschanel. — Christophe Colomb.

Desloges. — Manuel de l'Oiseleur.

Deslys (Ch.). — L'Aveugle de Bagnolet. — Les bottes vernies de Cendrillon. — Culture des fleurs. — Le Roi d'Yvetot, 2 vol.

Deslys et Cortambert. — Le Pays du Soleil.

Desmarest (E.). — Législation des Sociétés de secours mutuels.

Desmoulins (Camille). — Œuvres, 2 vol.

Desnoyers (L.). — Gabrielle ou la jeune Fille. — Gabrielle la jeune Femme.

Desouches (C.). — Etudes élémentaires, politiques, sociales, etc.

Despoir (E.). — Révolution d'Angleterre.

Despret (V.). — Application de l'électricité aux Arts et à l'Industrie, *fig*.

Deulin (C.). — Contes d'un buveur de bière.

Déville (A.).— Histoire du château Gaillard. — Histoire du château de Tancarville. — Tombeaux de la Cathédrale de Rouen.

Devilleneuve et Massé. — Histoire du contentieux commercial.

Dickens (C.). — Histoire de M. Picwick. — Barnabé Rudge, 2 vol. — Contes de Noël. — Dombey et fils, 2 vol. — Martin Schuzzlewit, 2 vol. — N. Nicleby, 2 vol. — Les Temps difficiles.

Diderot. — Le Neveu de Rameau. — Romans et contes.

Didier (Ch.). — Les nuits du Caire.

Dieulafait. — Diamants et Pierres précieuses.

Dieuleveut. — 1870-1871, Versailles, quartier prussien.

Digeon. — Contes turcs et arabes.

Diguet (C.). — La Vierge aux cheveux d'or.

Dillon (A.). — Beautés de l'histoire du Mexique.

Dolphus (L.). — Mardoche.

Donatre. — Episona ou Louis XII en Italie.

Donizetti. — Don Pasquale, opéra.

D'Ordre (baron). — Le siége de Boulogne, 1544.

Dosquet (E.). — Contes de la chambrée.

Douay (E.). — Comme on devient un homme d'après les idées de Franklin.

Drames (Recueil de 30).

Dubouchet (J.-J.). — Histoire de la Suisse.

Ducrest. — Paris en Province et la Province à Paris.

Dufey. — Mémorial parisien ou Paris tel qu'il est.

Dufresne (M.). — Le Bourreau.

Dugour-Jeudi. — Histoire d'Olivier Cromwell.

Dulaure. — Histoire de Paris.

Dumas (Ad.). — Provence.

Dumas (Al.). — Amaury. — Ange Pitou. — Capitaine Pamphyle. — Le Chevalier de Maison-Rouge. — Histoire de Louis XVI et Marie Antoinette, 3 vol. — L'Homme aux contes. — Impressions de voyages. — Italiens et Allemands, 2 vol. — Louis XIV et son siècle. — La Marquise de Brinvilliers. — Régence de Louis XV. — Les trois Mousquetaires, 2 vol. — Le vicomte de Bragelone, 6 vol. — Vingt ans après, 3 vol. — Souvenirs d'Antony.

Dumerson (L.). — Histoire de la vigne.

Dumont (A.). — La propagande prussienne en Alsace.

Dumont (E.). — Histoire des Empereurs romains et de l'Eglise.

Dupin-Saint-André. — Levingstone.

Dupont-Leméé. — Mme des Grieux.

Dupuis (J.). — La conquête du Tong-Kin par dix-sept Français.

Durier (Ch.). — Le Mont-Blanc.

Durozais (J.). — Histoire romaine depuis la fondation jusqu'à l'Empire.

Duruy (V.). — Histoire de France jusqu'en 1815, 2 vol., cartes et vignettes. — Voyages de Paris à Bucharest.

Dusaussois. — Galerie des hommes utiles.

Dussieux (L.). — Histoire générale de la Guerre de 1870-71.

Dutard et Sassère. — Dictionnaire de Jurisprudence ou Code des commerçants, administrateurs, etc.

Dutripon (C.). — Le Commissionnaire de Besange.

E

Echevin (L.). — Voyage de Genève dans la vallée de Chamounix.

Elicagaray. — Découvertes et inventions jusqu'à nos jours. — Erreurs et préjugés populaires.

Empire du Brésil à l'Exposition de Vienne en 1873.

Enault (E.). — Comment on aime. — L'Enfant trouvé. — L'Homme de minuit.

Enault et Judicis. — Le Vagabond.

Encyclopédie des connaissances utiles, 2 vol.

Epictète. — Maximes.

Erasme. — L'éloge de la folie.

Erckmann-Chatrian. — L'Ami Fritz. — Le Blocus. — Conscrit de 1813. — Contes des bords du Rhin. — Contes vosgiens. — Le grand-père Lebigre. — Histoire d'un Paysan. — Histoire d'un plébiscite. — L'Invasion. — Mme Thérèse. — Waterloo.

Ermann (A.). — Histoire cavalière.

Ernouf (Baron). — Le Caucase. — Deux inventions célèbres. — Philippe de Gérard et Jacquard. — La Perse. — La Turquie d'Asie.

Ernst (A.). — Rimes française d'une Alsacienne.

Essai historique et critique de la Révolution française, 3 vol.

Esquiros (A.). — L'Angleterre et la Vie anglaise, 4 vol.

Egnard (C.). — Vie et travaux du chevalier Guisan à la Guyanne.

F

Fabre. — Le Ciel. — Le Ménage. — La Physique. — La Plante. — La Terre.

Fabre D'Olivet. — Conseils sur l'éducation des enfants.

Fanon (C.-B.). — Les Arbres à fruit et les moyens substitués à la taille.

Faraday. — Histoire d'une chandelle.

Fée (A.-L.). — Entretien sur la Botanique. — Les Oiseaux.

Fénelon. — Aventures de Télémaque. — Morceaux choisis.

Ferrières (Mémoires de la Marquise de).

Ferry (G.). — Vie militaire du Mexique.

Feugère (G.). — Morceaux des Écrivains contemporains.

Féval (P.). — Château de velours.

Fielding. — Thom John ou l'Enfant trouvé, 6 vol.

Figuier (L.). — Années scientifiques, 11 vol. — L'Alchimie et les Alchimistes. — Les eaux de Paris. — Exposition et histoire des principales découvertes scientifiques modernes, 4 vol. — Les grandes Révolutions chez les anciens et modernes. — Histoire du merveilleux dans les temps modernes, 4 vol.

Fiquerel. — Manuel des contributions directes.

Flammarion. — Les Ballons et les Voyages. — Derniers jours d'un Philosophe. — Dieu dans la nature. — Les Merveilles célestes. — Mondes imaginaires et réels. — La Pluralité des mondes habités.

Florian. — Fables.

Flourens. — De la longévité humaine.

Foé. — Robinson Crusoé.

Fontaines (de). — OEuvres.

Fontenelle. — Pluralité des mondes, 2 vol.

Fonvielle (W. de). — Eclairs et Tonnerre. — Merveilles du monde invisible. — Prévision du temps.

Forgues (comte de). — Le rose et le gris. — Scènes de la vie anglaise.

Foucher (P.). — Les coulisses du passé.

Fouquet (H.). — Histoire civile, politique et commerciale de Rouen, 2 vol.

Fraissinet (E.). — Le Japon contemporain.

Franklin. — OEuvres choisies.

Fredol (A.). — Le Monde de la mer; 2 vol.

Frère (S.). — Les Merveilles de la nature.

G

Gai (H. le). — Proverbes français. — Petite Encyclopédie.

Gagneur (L.). — La Chair à canon.

Galland. — Contes des Mille et une Nuits, 4 vol.

Garasse (F.). — Mémoires des Grotesques.

Garcin (E.). — Essai d'éducation par le roman. — Léonie.

Garnier (J.). — Les Ligueurs et la Ligue. — Richard Colleden.

GASBELL. — Œuvre d'une nuit de mai.

GASPARIN (A. de). — L'Amérique devant l'Europe. — Appel au patriotisme et au bon sens. — La Bible, 2 vol. — Le bon vieux temps. — La Conscience à Constantinople. — La Déclamation des Femmes. — Discours politiques. — Les Droits du cœur. — L'Ecole de la Foi. — Les Ecoles du doute. — L'Egalité. — L'Ennemie de la Famille. — La liberté morale, 2 vol. — Luther et la Réforme au XVIᵉ siècle. — Paroles de vérité. — Pensées de vérité. — La République neutre d'Alsace. — Trois paroles de paix. — Le Voyage au Levant, 2 vol.

GASTELLE (Miss). — Nord et Sud.

GAUDON (A.). — Les trente-cinq duels de J. Gigon.

GAULDÉE (H.) et GUICHARD. — Fables et Poésies diverses.

GAUTIER fils (T.). — Aventures du baron Munchausen.

GAUTIER (J.). — L'usurpateur.

GAUTIER. (T.). — Jean et Jeannette.

GAVARNI. — Manières de voir et de penser.

GENLIS (Mᵐᵉ de). — Contes moraux.

GENOUX (C.). — Les Enfants de J.-J. Rousseau.

GEOFFROY-CRAYON. — Historiettes d'un Voyageur.

GEORGES (H.-J.). — Vie de Mahomet.

GÉRARD (J.). — L'Afrique du nord. — La Chasse au lion. — La Culture des fleurs. — Mes dernières Chasses. — Voyages et Chasses.

GÉRARD DE NERVAL. — Les Filles de feu. — Souvenirs d'Allemagne.

GÉRONVAL. — Lettres sur la Campagne.

GERSTAKER. — Aventures d'une colonne d'Emigrants. — Les Pirates du Mississipi.

GIDEL. — Histoire de la Littérature française.

Gilbert. — Poésies.

Girard. — Les Métamorphoses des insectes.

Girardin (J.). — Les braves Gens. — Le Grand-Père. — Nous autres.

Girardin (J.) et Juellet. — Chimie générale appliquée, enseignement. — Nouveau manuel de Botanique ou principes élémentaires de Physique végétale.

Giraud. — Beautés de l'histoire d'Italie, 2 vol.

Giraud (G.). — Deux histoires vraies. — Marguerite Villon et Marie de Revel.

Girault (L.). — Eléments d'Astronomie. — Histoire du Moyen-Age. — Statistique de la France. — Traité de Ponctuation. — Voyage à vol d'oiseau.

Gobineau (comte de). — Voyage à Terre-Neuve.

Godard. — Vie rurale.

Goepp. — Les Grands Hommes en France. — Marins. — Les Hommes de guerre en 1792.

Goepp et Cordier. — Navigateurs célèbres.

Goethe. — Hermann et Dorothée, traduction Bitaumé. — Faust. — Werther. — Wilhem Muster.

Gonzalès (Emm.).— Les Frères de la Côte. — Une Princesse russe.

Goyol (N.). — Tarass Boulba.

Gozlan (L.). — Dragons rouges.— La Folle au logis. — Histoire de cent trente Femmes.

Grand-Papa (le). — Conte du temps passé.

Granger. — Voyage en Egypte.

Grandpierre (J.-H.). — Tristesse et Consolation.

Grave (T. de). — Les Duellistes.

Gravière (J.). — Guerres maritimes.

Grégoire.— Dictionnaire classique, Histoire et Géographie

Gresset. — Œuvres, 3 vol., *fig*.

Greville (H.). — Le Roman d'un père.

Grouvelle et Jannez.— Guide du Chauffeur et des Propriétaires de machines.

Guarriques.—Simples lectures sur les Sciences et les Arts.

Gueroult (A.). — Etudes de politique, philosophie, etc.

Guichard. — La liberté de penser.

Guilbert. — Eloge et histoire de Jeanne Darc.

Guilleman. — Organisation judiciaire et maritime de France.

Guillemeth. — Histoire d'Yvetot et des environs.

Guillemin (A.). — Les Chemins de fer. — Le Ciel.— Les Comètes. — La Lune. — Les Mondes. — Les Nébuleuses. — Le Soleil. — La Vapeur.

Guizot. — Cours d'histoire moderne, 3 vol. — Episode de l'histoire d'Angleterre. — Guillaume-le-Conquérant.—Histoire de la civilisation en Europe depuis la chute de l'Empire.

Guizy (L.). — Mode et critique, satire en vers.

Guyard de Berville. — Histoire populaire. — Terrail, dit chevalier Bayard.

H

Haguenot. — Mélanges curieux relatifs à la Physique, Médecine, etc.

Hall (B.). — Scènes du bord et de la terre ferme, traduction Pichot.

Hardouin de Péréfixe. — Histoire de Henry le Grand.

Havard. — La Hollande pittoresque.

Hébert. — Utilité d'un système général d'immatriculation.

Heine (H.). — Reisebilder. — Tableaux et Voyages.

Hément. — Histoire d'un morceau de Charbon. — Menus propos sur les Sciences.

Henin-Cuvillers. — Le Magnétisme éclairé.

Herauld (A.). — Les secrets de la Science et de l'Industrie.

Héritier (l') de Redclyffe, traduction anglaise, 2 vol.

Hippeau (Mme). — Cours d'Economie domestique.

Histoire d'Espagne.

Histoire de l'établissement du Christianisme dans les Indes, 2 vol.

Histoire de la Jeunesse.

Histoire moderne (Entretien sur l').

Hopfen (G.). — La Chanteuse ambulante.

Horace. — Odes.

Boscii (J.). — Les folles Amours.

Hostein (vicomtesse d'). — Saint-Cloud et Fontainebleau.

Hubault et Marguerin. — Les grandes époques de la France, 2 vol.

Huc (M.). — Souvenir de voyage dans la Tartarie et le Thibet, de 1844 à 1846, 2 vol.

Huguelmann (G.). — Les dernières heures d'un Empire.

Hugo (Ch.). — Le Cochon de Saint-Antoine.

Hugo (V.). — L'Année terrible. — Les Châtiments. — Cromwell, drame. — Les Chants du Crépuscule. — Les Enfants. — Histoire d'un Crime. — La Légende des siècles. — Les Misérables. — Notre-Dame de Paris. — La Pitié suprême. — Les Travailleurs de la mer. — Quatre-vingt-treize.

I

Illustration. — Années 1857 et 1858, 4 vol.

Israeli (d'). — Sybil.

Ivan Golovine. — L'Europe révolutionnaire, 1849.

J

Jacolliot (L.). — Voyages au pays des Brahmes. — Des Bayadères. — Voyage à la Côte d'Ivoire. — Voyage à la Côte des Sables. — Voyage au pays des Eléphants, 2 vol. — Voyage à la Côte d'Ebène. — Voyage au Pays des Perles. — La Bible dans l'Inde. — Les Parias dans l'Humanité.

Jacquemart. — Les Merveilles de la Céramique. — Orient.

Janet. — Le Cerveau et la Pensée. — Contemporains en Allemagne. — La Famille. — Le Matérialisme.

Janin (J.). — Voyage en Italie.

Jaunez. — Manuel du Chauffeur.

Joliet (C.). — Carmagnole.

Jolivet. — Une Reine de petite Ville.

Joly (M.). — Les Affamés, études de mœurs contemporaines.

Jonceaux. — Trois Potiers célèbres.

Jourdan (G.). — Justice criminelle en France. — Législation des Logements insalubres.

Jourdan (P.). — Rosine et Rosette.

Jourdain (A.). — Tableau de l'Histoire du Gouvernement de Perse, 5 vol.

Journal des Enfants, 7 vol.

Jouy (de). — Ericie ou la Vestale, drame. — L'Ermite de la Chaussée d'Antin, 5 vol. — La Vestale, tragédie.

Juvénal. — Satires (de).

K

Karr (Alp.). — Le Chemin le plus court. — Encore les Femmes. — Sous les Tilleuls.

Kasimirski. — Le Koran (traduction).

Kauffmann. — Chronique de Rome.

Kératry. — Instructions morales physiologiques.

Kock (P. de). — Les Enfants du Boulevard. — La Mare d'Auteuil.

Kock (Henri de). — L'Amoureuse de son Mari. — Le beau Filou.

L

Labitte (C.). — Satyre Ménippée.

Laboulaye (E.).—Contes et Nouvelles.—Paris en Amérique. — Le Prince Caniche.

Labruyère (Les Caractères de).

Lacretelle.—Lamartine et ses amis.—Les Noces de Pierrette.

Lacroix (E.). — Dictionnaire industriel.

Lacroix (S.-F.).—Eléments d'Algèbre.

Ladoucette. — Histoire du xvie siècle. — Robert et Léontine.

La Fontaine (de). — Fables.

Laforêt (L.-P.). — M. Boulot.

Lagarde. — Drames et vers.

Lagrange. — Laurette de Malboissière. — Lettres d'une Jeune Fille du temps de Louis XV.

Laharpe. —Histoire des Voyages, 23 vol., atlas.

Lalandelle (G.). — L'Esclave du Luxe. — Duguay-Trouin. — Iles des Canaries. — Les quatrièmes Quarts du Jour.

Lamartine. — Benvenuto. — Christophe Colomb. — Geneviève. — Jacquard. — Lecture pour tous. — Méditations poétiques. — Toussaint Louverture.

Lamennais.—Livre du peuple. — Paroles d'un Croyant. — Du Passé et de l'Avenir du peuple.

LANDRIN. — Les Monstres marins. — Les Plages de la France.

LANFRAY. — Histoire des Papes.

LANGLOIS (H.). —Les Enervés de Jumiéges. —Souvenirs de l'Ecole de Mars.

LANGUE anglaise (Eléments et dictionnaire de la).

LANGUE française (Entretien sur la).

LANOYE (de). — Grandes scènes de la Nature.

LAPLACE (de). —Oronko ou le Prince noir.

LAPOINTE (A.). —La Chasse aux Fantômes.

LA ROCHEFOUCAULD. — Maximes et Réflexions morales.

LAROUDÉ (I.). — Mademoiselle d'Espalbère.

LASTEYRIE (F. de). — Histoire de l'Orfévrerie, *grav.*

LAVALLÉE. —Beautés de l'Histoire de Paris.

LAVERGNE. —L'Ami de la Famille. —Economie rurale de la France.

LAVOLLEY (J.). — Art de prolonger la vie et conserver la santé.

LAYA. — Etude sur la vie politique et littéraire de M. Thiers.

LEBARBIER (E.). — Saint Christodule et réforme des couvents grecs au xie siècle.

LEBON. — Les Crimes (de).

LEBOUTTEUX. — L'Etat, l'Eglise, les Réformes.

LEBRETON (T.). — Biographie rouennaise. — La Fraternité (revue maçonnique), 6 vol.

LEBRUN. — Voyages et découvertes des Compagnons de Colomb.

LECLERCQ (E.). — Romans à l'Eau de Rose.

LECOCQ (Georges). — Histoire populaire de Camille Desmoulins.

LEÇONS DE DROIT (Petites), etc.

Lefebure de Fourcy. — Leçons d'Algèbre.

Lefebvre (A.). — Les Merveilles de l'Architecture, *grav*.

Lefebvre (E.). — Tous les Oiseaux sont utiles. — Musique et Poésie en Flandres.

Legendre. — Géométrie élémentaire.

Legouvé (E.). — Edith Falsen. — Lecture en action. — Le Pamphlet.

Legouvé (G.). — Le Mérite des Femmes.

Legundre. — Premiers Eléments d'industrie manufacturière.

Leigh. — Guide du Voyageur en Angleterre.

Lelorain. — Voyage en Egypte.

Lemaitre de Cleville. — Traité du vrai mérite de l'Homme.

Lemaistre de Sacy. — La Bible.

Lemer. — Bains, natation, eaux minérales. — Pensées et Maximes morales.

Lemercier. — Essais sur le Théâtre.

Lenient (Ch.). — Satyre en France au moyen-âge.

Lenoir (A.). — Nouvelles descriptions des beautés de Paris.

Lenoir (P.). — Le Fayoum, le Sinaï et Petra.

Leopold. — Paris pendant la Révolution.

Leouzou-le-Duc. — Etudes sur la Russie, récits et souvenirs. — La Baltique.

Lepileur. — Le Corps humain, *fig*.

Leroy. — Mes Dimanches, chansons.

Lesage. — Le Diable boiteux. — Aventures de Gil Blas de Santillane.

Lesseps (de). — Voyage au Kamchatka, *grav*. — Ses voyages.

Letellier. — Lettres à ma fille sur l'histoire de l'Angleterre.

Letourneau (D.). — Bibliothèque des Sciences contemporaines.

Lettres sur l'Italie.

Levavasseur.— Cours d'économie rurale, industrielle, etc.— Etude et enseignements sur la Géographie.

Lever (C.). — Aventures d'Harry Lorrequer, 2 vol. — L'Homme du jour.

Lévy (J.).—Bible (nouveau testament).—Récits bibliques.

Licquet (T.).— Rouen, précis de son histoire.

Linguet et Dussaut (Mémoires de).

Littérature universelle.

Littré.— Histoire de la Langue française.

Livingstone. — Exploration de l'Afrique australe, *fig.*— Journal de l'exploration du Zambèse.

Loiseleur des Longchamps.— La Rose, sa culture.

Loreau (Mlle).— Paul Feroll.

Louis (G.).— Un Flibustier de la finance.

Lucas (H.).—Curiosités dramatiques.—Mlle de Miramion.

Lytton.— Les derniers jours de Pompeï.

M

Macé (J.).—L'Arithmétique du Grand-Papa.—Contes du Petit-Château.— Histoire d'une Bouchée de pain.— Magasin d'Education.—Les Serviteurs de l'Estomac.

Machiavel. — Le Prince.

Magne. — Hygiène de la Vue.

Magne Reid.—A Fond de cale.—Le Désert d'eau.—Les Jeunes Esclaves. — Les deux Filles de Squatter. — Les Naufragés, *grav.* — La Sœur Perdue. — William le Mousse.

Maigne. — Dictionnaire des Inventions et Découvertes.

MAILLE. — Recherches sur Elbeuf.

MAINTENON (Mme de). — Mémoires, 3 vol.

MAISTRE (le comte de). — De l'Eglise gallicane dans ses rapports avec l'Eglise.

MAISTRE (X. de). — OEuvres complètes. — La Jeune Sibérienne. — Les Prisonniers du Caucase.

MALHERBES (F., Poésies de).

MALOT (H.). — Romain Calbris. — Sans Famille, 2 vol.

MALTE-BRUN. — Géographie universelle, 12 vol.

MANUEL (E.). — Les Ouvriers, comédie.

MANUEL et ALVARÈS. — La France, géographie, agriculture, etc., 4 vol.

MARCEL. — Chef-d'œuvres d'Eloquence française et de la Tribune anglaise.

MARCILLAC. — Histoire de la Musique moderne.

MARCO SAINT-HILAIRE. — Entretiens sur la vie de Napoléon.

MARIE (A.). — L'Ame exilée.

MARGOLLÉ et ZURCHER. — Les Météores. — Les Tempêtes. — Volcans et Tremblements de terre.

MARIETTE-BEY. — La Galerie de l'Egypte ancienne.

MARION (F.). — Les Merveilles de l'Optique. — Les Merveilles de la Végétation, *fig.*

MARMIER (X.). — Aventures d'une Colonie d'émigrants en Amérique.

MARMONTEL. — Contes moraux. — Les Incas.

MARTIN (H.). — Histoire de France populaire. — Histoire de Jeanne Darc.

MARY LAFOND. — Histoire politique religieuse. — Histoire du Midi de la France.

MASSAS (H. de). — Le Pêcheur à la Mouche artificielle. — Le Pêcheur à toute ligne, *fig.*

MAURICE (L.). — Poids, Mesures, Monnaies, etc.

Maze (H.). — La République des Etats-Unis.

Mémoires d'une Biche russe racontée par elle-même.

Mémoires sur la vie de J.-A. de Thou.

Menault. — Intelligence des Animaux, *fig*.

Ménier. — Atlas de la production de la richesse.

Mérial (F.). — L'Ami des Jardins d'utilité et d'ornement.

Mérimée. — Colomba.

Meunier (V.). — Les Animaux à métamorphoses. — Grandes Chasses. — Grandes Pêches. — La Science et la Démocratie. — La Science et les Savants.

Meunier (Mme). — Entretiens sur l'Hygiène.

Méry. — Le dernier Fantôme. — Guerre du Nizam. — Histoire des Femmes mythologiques. — Les Nuits anglaises.

Michaud et Poujoulat. — Histoire des Croisades.

Michaud (E.-H.). — Etude sur la question des Peines.

Michelet (J.). — Abrégé de l'Histoire de France moderne. — La Bible de l'humanité. — Charles le Téméraire. — Chronique-tableau de l'Histoire de France moderne. — Les Femmes de la Révolution. — Histoire de la Révolution française, 6 vol. — Histoire romaine. — L'Insecte. — Les Jours de la Révolution. — La Mer. — Les Oiseaux. — Nos Fils. — Le Peuple. — Précis de l'Histoire de France. — Soldats de la Révolution. — La Sorcière.

Michiels. — Les Contes d'une nuit d'hiver. — L'Invasion prussienne.

Miège. — Guide du Télégraphe électrique.

Mignet. — Histoire de Marie Stuart, 2 vol. — La vie de Franklin.

Millet Saint-Pierre. — Guillaume Haudent, poète du XVIe siècle.

Millevoye. — Poésies.

Millot (D.-B.-F.). — Entretiens sur les Plantes utiles à l'homme.

Mirabeau. — Sa vie, ses opinions, etc., 5 vol.

Miroir (Le) des Dames.

Moitessier. — L'Air, *grav.*

Moncel (comte du). — L'Eclairage électrique, *grav.*

Monde illustré (le), années 1859 à 62, 64, 66 à 68, 78 à 80.

Modiste (Le livre de la parfaite), par L.-M.-F.

Moilin (Tony).— Paris en l'an 2000.

Molière.— Théâtre.

Monglave. - Histoire de l'Espagne.

Monselet.— Montmartre à Séville.

Montagnac (E. de). — Les Ardennes, France, Belgique, *grav.*, 2 vol.

Montalivet (comte de). — Le roi Louis-Philippe.

Montemerli (comtesse). — Les sensations d'une Morte.

Montépin (Xavier de). — Les amours d'un Fou. — Les chevaliers du Lansquenet, 5 vol.— La perle du Palais-Royal. — La Sorcière rouge, 3 vol. — La Voyante, 4 vol.

Montesquieu. — Considérations sur les causes de la grandeur et de la décadence des Romains.— Lettres persanes.

Montémont (A.).—Bibliothèque universelle des Voyages, 47 vol., dont 1 planche coul.

Montjoye (de).—Histoire d'Inès de Léon, 6 vol.—Histoire de quatre Espagnols, 4 vol.

Montlaur (E.).— Essais littéraires.

Montolieu (E.).— Caroline de Lichtfield.

Montolieu (Mme).— Agathocles, lettres écrites de Grèce et de Rome, 1 vol.

Morale en action, bons exemples.

Morin (F.). — La France au Moyen-Age.

Morin (L.-R.).— Histoire de Louviers.

Moulin.— Les Marins de la République.

Mouzie (E. de).— Le Bourreau d'autrefois.

Muller (E.). — La Boutique de la Marchande de nouveautés.— Le Robinson suisse.

Murger (H.). — Madame Olympe. — Le Pays latin. — Le Roman de toutes les Femmes. — Le Sabot rouge. — Les vacances de Camille. — La vie de Bohême.

Musset (P. de). — La Chèvre jaune, histoire sicilienne.

N

Nadaud (G.). — Chansons, Contes en vers, etc.

Napoléon Iᵉʳ (Histoire populaire de), 5 vol.—Correspondance (de), 15 vol.

Napoléon III (Œuvres de).

Nares. — Voyage à la Mer polaire.

Nathan. — Drame, d'après Lessing.

Naudin (C.). — Le Potager, jardin du Cultivateur.

Navery (R. de). — Le Pardon du Moine.

Navigation (Entretiens sur la), par L.-M.-C.

Niboyet (Mᵐᵉ). — Des Aveugles et de leur Education.

Nicolle (le docteur). — De l'Abus des Alcooliques.

Nightingale (Miss). — Des Soins à donner aux Malades.

Niogret (E.). — Dialogues scientifiques ou Cours philosophique, 6 vol.

Nodier (Ch.). — Histoire d'Inès de las Sierras. — Ses Romans.

Noel et Delaplace. — Cours français de Littérature.

Noel (E.). — Almanach de Normandie pour 1862. — Mémoires d'un Imbécile. — Promenades et Causeries. — Rabelais. — Rouen. — La Vie des Fleurs. — Voltaire à Ferney.

Noel (O.). — Autour du Foyer.

Noir (L.). — Les Goëlands de l'Yroise.

Nordenskiold. — Voyage au Pôle nord, cartes.

Norvins (de). — Histoire de Napoléon, 2 vol.

Nougaret. — Beautés de l'Histoire des Etats-Unis. — Historiettes du Jour.

O

Ohnet (G.). — Serge Panine. — Le Maître de forges.

Oxenstin (le comte de). — Pensées.

Ozanam. — La Femme chrétienne et la Société moderne.

P

Pacini (E.). — Le Trouvère.

Pailleron. — Le Monde où l'on s'ennuie, comédie.

Parkmann. — Les Pionniers français.

Parville (H. de). — Causeries scientifiques. — Découvertes et Inventions. — Un Habitant de la planète Mars.

Pascal (B.). — Lettres provinciales. — Les pensées.

Passy (F.). — Les Machines et leur influence sur le développement de l'humanité.

Passy (H.). — Des causes de l'inégalité des richesses.

Paysan (le) et le Gentilhomme.

Paz. — La Gymnastique, dessins.

Peigné (M.-A.). — Romans intimes.

Pelletan (E.). — Décadence de la Monarchie française. — Les droits de l'Homme. — Les Uns les Autres.

Pelletier. — Dix-sept ans chez les Sauvages.

Pelouze et Frémy. — Abrégé de Chimie, 3 vol.

Pennetier (G.). — Actes du Muséum d'histoire naturelle de Rouen.

Perdiguier (H.). — Livre du Compagnonnage, 2 vol.

Périaux (N.). — Histoire sommaire de Rouen.

Perrault (C.). — Les Contes.

Perreau. — Le Roy voyageur.

Perrens. — La Démocratie en France, 2 vol.

Perrin (M.). — Le Mariage aux écus.

Perron (H.). — Les Champs d'or de Bendigo.

Perrot (A.-M.). — Le Graveur (encyclopédie Roret).

Persin (Edouard). — Une leçon d'Economie politique.

Pey (A.). — Belle de jour et Belle de nuit.

Pfeiffer (Mme). — Voyage d'une Femme autour du monde. — Mon second voyage autour du monde.

Piave. — Rigoletto, opéra.

Picard (Œuvres de). — Aventures d'Eugène de Senneville, 2 vol. — Le Gil Blas de la Révolution, 5 vol.

Piotre Artanow. — Histoire d'un Bouton.

Pigeonneau (H.). — Géographie de la France et des cinq parties du monde.

Pignel. — Guide du Voyageur et du Colon de Paris à Alger.

Pinard. — Gilbert.

Piothowki. — Souvenir d'un Sibérien.

Piron. — La Métromanie.

Piton (E.-C.). — Voyages pittoresques en Orient.

Pline le Jeune. — Œuvres.

Pluchonneau et Maillard. — Physiologie du Marin.

Plutarque. — Les Hommes illustres, 9 vol. — Vies des Hommes illustres de Rome, 2 vol.

Poe. — Aventures d'Arthur Gordon Pym.

Pomperey (E. de). — La Femme dans l'humanité. — Vie de Voltaire.

Ponsard (F.).—Charlotte Corday.—Galilée.—L'Honneur et l'Argent.—Le Lion amoureux.—Lucrèce.—Théâtre.

Ponson du Terrail.—La Femme immortelle, 2 vol.

Ponthieu (de). — Fêtes légendaires.

Poltier-Gruson. — Partie double, tenue de livres.

Pouchet (F.-A.).—Les infiniment Grands et les infiniment Petits. — Traité de Botanique, 2 vol. — L'Univers.

Pougin (A.). — Boieldieu, sa vie, ses œuvres.

Pouillet. —Notions de Physique et de Météorologie, *fig*.

Poujoulat. — Etudes africaines.

Pouplin. — Beautés du Jardinage.

Prevost (abbé).—Le Doyen de Killerine, 6 vol.—Lettres du Chevalier Grandisson, 7 vol. — Manon Lescaut. — Mémoires d'un Homme de Qualité, 4 vol.

Prevost (J.).—Culture et éducation du Pommier à cidre. — Traité de la Culture potagère.

Prior. — Veillées d'un Artisan.

Promenade de Paris à l'ancien château royal du Gard.

Propial (de). — Beautés historiques de Paris.

Q

Quinet (Edg.). — Le Christianisme et la Révolution. — Génie des Religions.—La Grèce moderne.—Histoire de la campagne de 1815.—Les Jésuites.—Merlin l'enchanteur, 2 vol. — Napoléon. — Prométhée. — La Révolution, 3 vol. — La Révolution d'Italie. — Les Roumains. — Tablettes du Juif-Errant. — Mes Vacances en Espagne.

Quinet (Mme). — Mémoires d'Exil.

R

RABAUT. — Almanach de la Révolution française.

RABELAIS (Œuvres de).

RACINE (L.). — La Religion. — (Théâtre de).

RADAU. — L'Acoustique, *vignettes*.

RAFFRAY (A.). — L'Abyssinie, *fig.* et *cart.*

RAGUENET (abbé). — Histoire de Turenne.

RAMBAUD (A.). — Français et Russes. — Moscou et Sébastopol.

RAPPORT du Conseil d'enquête sur les capitulations de Sedan.

RASPAIL (F.). — Médecine et Pharmacie domestique.

RATEAU et PINET. — Histoire de la géographie de l'Eure.

RATIN. — Le Ballet des Chérubines.

RAYMONT (M.). — Le Mensonge, 2 vol.

RAYMONT. — Espagne et Portugal.

RAYNOUARD. — Histoire du Droit municipal en France sous la Domination romaine, etc., 2 vol.

RÉAUMUR. — La Vie et les Mœurs des Insectes, *fig.*

RECLUS (E.). — Histoire d'un Ruisseau. — Les Phénomènes terrestres, les Continents, les Mers et les Météores.

RECLUS (O.). — La Terre à vol d'oiseau, 2 vol, *fig.*

REGNARD. — Théâtre.

RÉGNIER. — Œuvres complètes.

REID. — Le Roi des Séminoles. — La Quarteronne. — Les Veillées de chasse.

REINACH. — La Serbie et le Monténégro.

RÉMUSAT (Mémoires de Mme), 3 vol.

RENARD (L.). — Les Merveilles de l'Art naval, *fig.* — Les Phares.

Révillon (Tony). — Les Aventures d'un Suicidé. — Les Bacheliers. — Ce bon M. Jouvencel.

Révolution (Théâtre de la). — Pièces de théâtre.

Revue des deux Mondes, année 1867, 24 liv.; — 1874, 12 liv.; — 1875, 24 liv.; — 1876, 12 liv.

Revue de Rouen, 14 vol.

Revue politique et littéraire, 22 livraisons.

Revue rétrospective normande.

Revue scientifique, 23 livraisons.

Reybaud (L.). — Le Coton, la Laine, le Fer, etc.

Reynald. — Les Naufragés, *gravures*.

Reynaud (baron). — Eléments d'Algèbre.

Reynauld (J.). — Lectures variées.

Riant (le docteur). — L'Alcool et le Tabac, *vig*.

Richard. — M. Mars et Mᵐᵉ Vénus.

Riccous. — Voyage en Amérique, *fig*.

Richebourg (E.). — La Fille maudite.

Rittiez. — Science des Droits ou Idéologie politique.

Rivarol (A.). — Notice historique sur la Calabre.

Rivillier. — Médecine et Pharmacie domestique.

Robert. — Les Amants du père Lachaise. — Les quatre Sergents de la Rochelle.

Robert le Diable (Histoire de).

Roche. — Les Martyrs du travail.

Rochelle. — L'Ultramontanisme dévoilé.

Rodière et Pont. — Contrat de mariage.

Roger (A.). — Le livre de l'Amazone et de la Gymnastique.

Rolland-Banès. — Recherches de la Houille dans la Seine-Inférieure.

Rolland (Mémoires de Mᵐᵉ), 2 vol.

Rollin. — Histoire ancienne, 5 vol.

Romans divers (recueil de). — Aventures des Compagnons de Potowski. — César Birotteau. — La Femme de quarante ans. — Geneviève. — Héva. — Le Lion amoureux. — La Maîtresse anonyme. — Mathilde. — Le Médecin du Pecq. — Les Parents pauvres. — Riche et Pauvre. — Le Vicomte de Béziers.

Romans illustrés (recueil de). — Les Béquilles du Diable boiteux. — Daphnis et Cloé. — Candide. — Le Diable boiteux. — Elisabeth. — La Galère de M. de Vivonne. — Gil Blas. — Jésica la juive. — Manon Lescaut. — Paul et Virginie. — Le Siége de Calais. — Les trois Bossus. — Le Voyage sentimental. — Zadid ou la Destinée.

Rossely de Lorgues. — Christophe Colomb, son histoire, 2 vol.

Rouget de l'Isle (Mme). — Dessin et Gravure sans maître, *fig.* — Le Livre de la Lingère, *fig.* — Sculpture sans maître, *fig.*

Rousseau (J.-B.). — OEuvres, poésies.

Rousseau (J.-J.). — Contrat social. — De l'Inégalité parmi les hommes. — OEuvres complètes, 4 vol. et 17 vol.

Rousseau (L.). — Promenades au Jardin-des-Plantes de Paris.

Rousset (C.). — Les Volontaires de 1791-1794.

Rouvin (Charles). — La Tête humaine (études de phrénologie).

Roux (Marius). — La Poche des Autres.

Rozier (J.). — La princesse Cléo.

Ruvier (G.). — Route de Mississipi.

S

Saigey. — Petite physique du Globe.

Saint (E.). — Dépositions sur le lin, le chanvre, etc.

Saint-Félix. — Les Chevaliers du tour de France. —Les Officiers du Roi. — Le Roman d'Arabelle.

Saint-Georges. — Les Yeux verts.

Saint-Germain. — Entretiens sur les Inventions utiles.

Saint-Ouen. — Vie de Saint-Eloi.

Bible (la Sainte).

Saintine. — Seul. — Les Métamorphoses de la Femme.— Picciola.

Salgues (A.-J.). — Hygiène des Vieillards.

Samson. — Principaux faits de Chimie.

Sancho Pança (le véritable).

Sandeau (J.). — Catherine. — Fernand. — Madeleine.

Sanfourche Laporte. — Le nouveau Code commercial maritime.

Sand (G.).—André.—Les beaux Messieurs de Bois-Doré. — Le Château des Désertes. — Le Château de Pic-Tordu. — Le Chêne parlant. — La comtesse Rudolstadt.—La dernière Aldini.—Flavie.—François le Champi.—L'Homme de neige.—Les Maîtres mosaïstes. — Les Maîtres sonneurs.—La Mare au Diable. — Le marquis de Villemer.—La petite Fadette.—Simon Luscoque. — 6,000 lieues à toute vapeur.

Sanson (A.). — Semaines scientifiques.

Sarcey (F.). — Siége de Paris, cartes.

Sardou (V.). — Maison neuve. — Séraphine, comédies.

Sasserno. — Poésies françaises d'une Italienne.

Saunière (P.). — Le capitaine Belle-Humeur.

Sauvestre (Ch.). -- Visite à Mettray.

Sauvestre (Mme).—Ecoles professionnelles de jeunes filles.

Scarron. — Le Roman comique.

Shakspeare (W.).—Les joyeuses Commères de Windsor. — (Œuvres de), 3 vol.

SCHEFFTER (E.). — César Borgia ou l'Italie en 1500. —
   Whitehall, traduction.—Wihtefrias, traduction. —
SCHILLER. — Les Brigands. — Guillaume Tell. — Guerre
   de Trente ans.
SCHOEN (J.). — Statistique de la Civilisation européenne.
SCHOL (A.). — Aventures romanesques. — Les Esprits
   malades.
SCHREIBER. — Voyageur sur le Rhin.
SCHULZA. — Cours d'Economie à l'usage des Ouvriers,
   2 vol.
SCRIBE (E.). — Le Prophète, opéra.
SÉGUR (comte de). — Histoire ancienne. — Histoire
   romaine.
SELDEN (comte de). — Daniel Vlady. — Histoire d'un
   Musicien.
SÉMONORI. — La Confession d'un Poète.
SENION (William). — La Turquie contemporaine.
SEPTHOMMES. — L'Homme abruti, ruiné, mort, etc., *fig*.
SERRES (E.). — Le Prestige de l'uniforme.
SÉVIGNÉ (lettres de Mme de).
SIÈGE de Paris, guerre de 1870-71.
SIEGFRIED. — La Misère.
SILVIO PELLICO. — Mes Prisons.
SIMON (H.). — Un Ouvrier millionnaire.
SIMON (J.).—Le Devoir. — L'Ecole.—Le Gouvernement
   de Thiers, 2 vol. — La Liberté de conscience. —
   Libre Echange.—L'Ouvrière. — La Peine de mort.
SIMOND. — Voyage en Italie et en Sicile, 2 vol.
SIMONIN (L.). — Le Grand Ouest des Etats-Unis. — Le
   Monde souterrain.
SOOR ANGELO. — Le péché de Félicité.
SOUVENIR d'un Officier du 2me de Zouaves.

Souvestre (E.). — Causeries scientifiques et littéraires, 3 vol. — Les Confessions d'un Ouvrier. — Au Coin du feu. — Les derniers Bretons. — Le Mémorial de Famille. — Un Philosophe sous les toits. — Pierre et Jean. — Les Soirées de Meudon. — Sous la Tonnelle. — Souvenirs d'un Vieillard.

Stael (Mme de). — Corinne ou l'Italie.

Stanley. — Comment j'ai trouvé Livingston, *cartes* et *vig*. — Voyages, aventures, découvertes à travers l'Afrique, cartes et *vig*.

Sterne (D.). — Histoire de la Révolution de 1848, 3 vol.

Sterne (L.). — Voyage sentimental.

Stenio. — Les Pilleurs d'épaves.

Stephens. — Opulence et Misère, traduction.

Sue (E.). — Arthur, 4 vol. — Le casque de Dragon. — Le Commandeur de Malte. — Les enfants de l'Amour. — Jeanne et Louis. — Le Juif-Errant. — Latréaumont. — Le Morne au Diable. — Les Mystères de Paris. — Plick et Plock. — Les sept Péchés capitaux.

Suleau de Lirey. — Histoire des différentes Religions.

Swift. — Voyage de Gulliver.

T

Tableau des Arts et des Sciences dans les temps les plus reculés.

Tableau de l'Humanité et de la Bienfaisance.

Tackeray. — Le Diamant de Famille.

Taine (E.). — Vie et opinions de M. Graindorge.

Taine (H.). — Notes sur l'Angleterre.

Talbot. — Lettres sur l'Histoire de France. — Vies des Hommes illustres, 4 vol.

THÉVENIN (Ev.). — Cours d'Economie industrielle :
1re série, du Capital, des Machines; — 2me série, du
Travail et du Salaire, les Corporations et la Liberté
du travail; — 3me série, des Sociétés coopératives,
de l'Échange et de la Monnaie;—5mo série, Propriété,
Hérédité, Division du travail; — 6me série, Concur-
rence, Grèves, Coalitions, Émigrations des campagnes, Population; 7me série, du Commerce,
l'Épargne, l'Assurance.

TERSON (J.). — Les derniers Numides. — Supprimer le
Prêtre, serait-ce supprimer la Religion ?

THÉVENOT-DESSAULES. — Dictionnaire du Digeste.

THIERRY (A.). — Dix ans d'Etudes historiques. — Histoire
de la Conquête des Gaules par les Normands, 4 vol.
— Lettres sur l'Histoire de France.

THIERS (A.).—Histoire du Consulat et de l'Empire, 4 vol.
—Histoire de Law.—Histoire de la Révolution française, 2 vol. — De la Propriété.

THOMAS. — Un Coquin d'Oncle.

TISSANDIER. — L'Eau. — Gravures. — La Houille. —
Les Martyrs de la Science. — La Nature, revue des
Sciences et de leur application à l'Industrie, 5 vol.
— La Photographie.

TISSOT (V.). — Les Mœurs allemandes. — Les Prussiens
en Allemagne. — Voyages aux Pays annexés. —
Voyages au Pays des Milliards. — Voyages au Pays
des Tziganes.

TOPFFER (R.). — Le Presbytère.

TOURGUENEFF. — Scènes de la vie russe.

TOUSSANEL. — L'Esprit des Bêtes.

TRAILLES (P.-H.). — Les Femmes de France pendant la
guerre et les deux sièges de Paris.

Treilhard. — Code de Procédure civile.
Trémadeure (D^{elle}). — Etienne et Valentine.
Triquette. — Les Ouvriers selon Dieu.
Troubadour (le) ou Guillaume et Marguerite.
Turck. — Médecine populaire.

U

Uchard (Mario). — Mon Oncle Barbassou.
Ulbach (C.). — M. et Mme Fernel. — Le Parrain de Cendrillon.

V

Valentin. — Histoire de la Révolution de Suède. — Les Peintres célèbres. — Vie des Hommes célèbres de toutes les nations. — Vie de L. des Balbes de Berton de Crillon.
Vallée (O. de). — Les Manieurs d'Argent. — Zurga le Chasseur.
Vallery- Badot. — Journal d'un Volontaire d'un an.
Vallothon (H.). — Les Mauvaises Lectures.
Valton (A. de). — Nouvelles et Chroniques.
Vanier. — Les vingt-huit Jours d'un Réserviste.
Vannier. — Premières notions du Commerce, Tenue de livres.
Vaudevilles (Recueil de trente).
Vaulabelle (A. de). — Histoire des deux Restaurations, 8 vol. — 1815, Ligny, Waterloo.
Vavasseur (A.). — Moyen de gagner de l'Argent et d'en amasser.
Vercingétorix. — Le Roi de la Guerre, drame.
Vermorel (A.). — Despéranza.

Verne (J.). — Autour de la Lune. — Aventures du Capitaine Hatteras. — Aventures de trois Russes et de trois Anglais dans l'Afrique australe. — Un Capitaine de quinze ans. — Le Chancellor. — Cinq Semaines en Ballon. — Cinq cents millions de la Bégum. — Le docteur Ox. — Les Enfants du capitaine Grant. — Les Forceurs de blocus. — Les grands Voyages et les grands Voyageurs. — Hector Servadac. — Hivernage dans les Glaces. — L'Ile mystérieuse. — Les Indes noires. — La Maison à vapeur. — Michel Strogoff. — Les Navigateurs du xviii° siècle. — Le Pays des Fourrures. — De la Terre à la Lune. — Tribulations d'un Chinois en Chine. — Vingt mille Lieues sous les Mers. — Voyage au centre de la Terre. — Voyage autour du Monde en quatre-vingts jours. — Les Voyageurs du xix siècle.

Versailles (Galerie historique du palais de).

Vertot (abbé). — Histoire de la Révolution de Portugal.

Veuillot. — Les Odeurs de Paris.

Viardot. — Souvenir de Chasse.

Victoires et Conquêtes de l'Empire, 26 vol., manque le 9e.

Vigny (Alf. de). — Cinq-Mars. — Stello. — Servitude et Grandeur militaire.

Villemont (A.). — Aventures de.

Villiaumé (N.). — Histoire de Jeanne Darc.

Villemain. — Cours de Littérature.

Villemagne (J.). — La Voie du sang.

Vimercati. — Histoire d'Italie, 1789-1863.

Vincent (Ch.). — Histoire de la Chaussure chez les anciens peuples.

Vinet. — Chrestomathie française, 3 vol. (choix de morceaux tirés des meilleurs auteurs).

Violet-Le-Duc. — Histoire d'une Maison. — Le petit
Dessinateur.

Vitet (L.). — Histoire de Dieppe.

Vitu (A.). — Histoire civile de l'Armée.

Voiart. — Le petit Dessinateur ou les vrais éléments du
Dessin.

Voltaire. — Essai sur les Mœurs et l'Esprit des nations.
— Histoire de Charles XII. — Histoire de Pierre
Le Grand. — Politique et Législation. — Siècle de
Louis XIV.

Volney.—Les Ruines, ou Méditations sur les révolutions
des empires.

Voyages célèbres (Recueil de). — Aventures et Découvertes des grands Explorateurs : l'Asie, l'Inde, le
Japon, 1 vol. — L'Afrique, la Chine, le Far-West et
les Régions polaires, 2 vol. — La Californie et les
Mormons, 3 vol.

Voyages dans les Alpes, par D.

Voyages (Dix ans de). — Correspondance, par S. L.

Voyages du commodore Biron, 4 vol.

Voyage au royaume d'Alger.

W

Walter-Scott. — L'Abbé. — L'Antiquaire. — Les
Aventures de Nigel. — Le Téméraire. — Le
Château de Kénilworth. — Chronique de la Canon-
gate. — Le Connétable de Chester. — Guy Manne-
ring. — Ivanhoë. — La Fiancée de Lammermoor.—
La Jolie Fille de Perth.—Kénilworth.—Le Monas-
tère.—Le Nain noir.—L'Officier de Fortune.—La
Prison d'Edimbourg. — Les Puritains d'Ecosse.

WALTER-SCOTT. — Quentin Durward. — Redgauntlet. — Richard en Palestine. — Waverley. — Woodstock.

WAUTIER D'HALLUVIN. — Eléments d'Histoire universelle.

WELLING (d'). — Du Lait dans l'alimentation au biberon.

WEST (C.). — Comment on soigne les Enfants malades.

WEY (F.). — Dick Moor en France. — Gildas. — Journal anglais à Paris.

WOESTYN (E.). — Le livre de l'Art du Chant. — Du Plain-Chant. — Le Livre de la Pianiste. — Parfumerie de Famille. — Les Livrets.

WOGAM (baron de). — Six mois dans le Far-West. — Voyages et Aventures. — Voyages du Far-West à Bornéo.

WOLOWSKI. — Le Travail des Enfants dans les manufactures.

Z

ZACCONE (P.). — Les Aventuriers de Paris.

ZELLER. — Les Tribunes et les Révolutions.

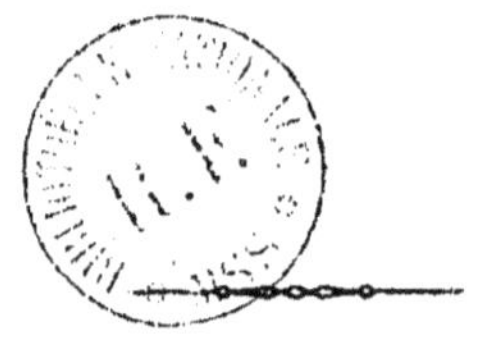

Rouen. — J. LECERF, imprimeur, rue des Bons-Enfants, 46-48.